MÉMOIRE

PRÉSENTÉ *en manuscrit par l'Abbé* RIVE *Bibliothécaire en chef des anciens Etats de Provence, le 30 Juillet de l'an 1790, aux Messieurs du Directoire du Département des Bouches du Rhône, imprimé aujourd'hui avec une légere correction d'environ trois mots peu essentiels, & avec addition de différentes Notes, & présenté de nouveau par le même à tous les honorables Membres du même Département.*

A AIX,

Chez les Freres MOURET, Imprimeurs & Libraires, ce 4 Décembre, 1790.

(4)

LETTRE

AUX

MESSIEURS DU DIRECTOIRE.

Quel spectacle plus confolant & plus défirable pour notre ancienne Province, jadis fi infortunée, que de voir aujourd'hui d'un œil tranquille & fier, les fers fous lefquels un des plus grands aftucieux VIOLETS la tenoit defpotiquement enchaînée, totalement brifés, & le thrône infolent que cet indigne ambitieux s'y étoit fuperbement érigé fur la grouppe tremblante de quatre vils *Purpuracés*, haché par morceaux, que la juftice vengereffe du tems préfent à difperfés en plus de deux cents mille mains différentes !

Contempler à la place d'un thrône auffi audacieux, dix Siéges de freres auxquels l'amour de la Patrie ne doit infpirer qu'humanité, juftice, égalité, défintéreffement, impartialité, zele national, & amour pour les vertueux lettrés, qui font feuls le rempart de la liberté & le foutien du bonheur national, c'eft véritablement fe fentir renaître & efpérer de retourner dans cet ancien âge d'or, fi vanté par les Poëtes & les Philofophes des anciens tems, & dont une ariftocratie rogue & fanguinaire avoit depuis fi long-tems fait fortir nos ancêtres.

C'eft à la vue d'un fi beau fpectacle, c'eft dans une efpérance auffi vive & auffi ferme, que je viens, Meffieurs, aborder vos fiéges, & j'ai tout lieu de croire que ce ne fera pas en vain.

Non, certes, je n'y verrai ni des *Jean-de-Dieu*, ni ces anciens malheureux *Purpuracés* qu'il fouloit fous fes pieds.

Quelqu'outrageant que fût ce mépris, les bons patriotes en euffent été moins indignés, s'il n'eût eu l'exécrable audace de s'en glorifier, comme cela lui arriva devant moi, dans la premiere vifite qu'il me fit à Paris, en Octobre de 1786.

Je me fentis alors, Meffieurs, enflammé du defir le plus ardent de revenir dans ma Patrie avec le marteau qui l'a écrafé, & qui ne ceffera, pendant tout le tems que je vivrai, de le pulvérifer en atomes auffi imperceptibles que ceux qui ne peuvent fe découvrir qu'à l'aide d'un verre auxiliaire, ainfi que je le dis & que je le jure, fur les pages 275 = 279 de ma *Lettre Philofophique à l'Evêque de Clermont*, dont j'ai l'honneur de vous envoyer aujourd'hui deux exemplaires.

Quittons, Meffieurs, cet exorde, & venons à ma demande.

Les anciens Etats de Provence m'appellerent, par

l'entremise de *Jean-de-Dieu Bois-Gelin*, dans cette Capitale de votre Département actuel.

Ils me firent revêtir en 1786, selon que leur Cahier de cette année le porte, du titre de Bibliothécaire en chef du beau Monument Littéraire que Mr. *Piquet*, ci-devant Marquis de Mejanes leur avoit légué.

Ce titre me fut concédé dans la premiere Assemblée du Bureau *Bibliothécal* qu'ils avoient établi à cet effet & pour autres objets. (Appert de la copie que j'en ai.)

J'ai joui imperturbablement pendant deux ans entiers, des émolumens qui m'avoient été fixés dans ce Cahier, & j'ai enfin touché, en Mars de 1789, les trois premieres années de mon chauffage & éclairage, & les deux premieres de mon habitation, par mandat de mondit despote Métropolitain, conformément à ce qui a été réglé par la délibération verbale du Bureau *Bibliothécal* dont je viens de parler (V. le Mémoire qui est à la tête de mes *Lettres Violettes*.

Cette Délibération, quoique non écrite par *astutaces VIOLETTES*, est imprimée sur toutes les livres des principaux Citoyens de cette Ville, & elle me fut très-fortement attestée dans la Ville d'Apt, dont je suis originaire, par Mr. *Autric*, autrefois Marquis sous ce nom, qui venoit de gérer la charge de premier Procureur du pays de notre ancienne Province.

Depuis le 26 Décembre 1788. jusqu'à présent, je n'ai plus touché aucuns émolumens fixés par le Cahier de 1786, & mon chauffage & éclairage de cette année me sont également dus, ainsi que les

600 liv. de mon loyer par an, pour l'année 1789 & pour la préfente.

Il y aura à la St. Michel prochaine une nouvelle année de loyer, parce que je fuis obligé ce jour-là même d'en avancer le premier femeftre.

Ainfi donc voici ce qui m'eft dû.

1°. 4000 liv. d'émolumens, dont deux pour l'année 1789 & deux pour la courante.

2°. 1200 liv. pour mes loyers de 1789 & 1790.

3°. 600 liv. pour mon loyer de 1791, qui a été arrêté fuivant l'ufage de ce pays, aux fêtes de Pâques dernieres.

4°. 400 liv. de mon chauffage & éclairage de cette année; partant, en tout je dois toucher à préfent 6200 liv. J'en fuis, Meffieurs, pour la perte de 300 liv. d'intérêts que m'auroit produit la fomme de 6000 liv. que j'ai été obligé de m'avancer, & pour 9000 liv. (1) de frais d'impreffion, que les livres que j'ai été forcé d'imprimer pour combattre l'infcitie & l'injuftice des Adminiftrations précédentes, ont arrachées de mes mains.

Je ne mentionne ici mon loyer de 1791, que parce qu'il m'eft dû de droit depuis le premier jour de ma convention, & parce que je me perfuade que, voulant vous débarraffer de la Bibliothéque, vous ferez d'ici au 26 Décembre prochain, toutes les diligences poffibles pour ne pas me laiffer commencer une nouvelle année.

Si vous me la laiffez commencer, Meffieurs, vous me devrez en entier la nouvelle fomme de 2400 liv., dont 2000 liv. pour mes émolumens de

1791, & 400 liv. pour mon éclairage & chauffage de la même année.

Vous sçavez que ma nomination est à vie, & que quand on détruit les places dont les nominations sont semblables, on paye ordinairement les années commencées comme si elles étoient entieres.

Que ma nomination soit à vie, & qu'il n'y ait que le cas de forfaiture qui puisse me faire déchoir de ma place, cela est de droit commun dans l'ordre *Bibliothécal*, puisque le Roi brévete lui-même à vie les principaux Officiers qu'il emploie dans sa Bibliothéque Royale, & que nos Etats de 1788 l'ont déterminé ainsi, d'après ma convention avec le *VIOLET Bois-Gelin*, sans quoi je ne serois pas venu de Paris ici. N'est-ce pas ce dont vous vous convaincrez en jettant les yeux sur la page 284 du Procès-verbal des Etats de 1788 (2).

Vous trouverez sur cette page la nomination des différentes personnes attachées annuellement au service du pays, mais vous n'y rencontrerez certainement pas le nom du Bibliothécaire en chef.

Pourquoi cette différence, si ce n'est à cause que sa place est à vie ; observez, s'il vous plaît, d'après le Procès-verbal de l'an passé, pag. 131, que l'on n'a pas manqué d'y imposer pour les gages des Officiers qui sont seulement annuels pour la Province.

J'ai l'honneur de vous envoyer, Messieurs, ma *Chasse aux Bibliographes*, dont la Préface, qui est à la tête de son deuxieme tome, vous apprendra, depuis sa page ix, jusqu'à sa page xlix, combien l'astucieux & *l'infiniment petit Jean-de-Dieu*, qui a voulu me déjouer, s'est déjoué lui-même, en faisant insérer par *l'ignorantissime* & très-

A 4

injuſte Evêque de Fréjus, ſon très-digne Suffragant, ſur la page 177 du Procès-verbal très-illégal de l'aſſemblée de 1789., la fauſſe ſuſpenſion de mes émolumens.

C'eſt ce que vous verrez encore mieux dans mes *Lettres Violettes*, & dans mes *Lettres Purpuracées*, dont je vous envoie également deux exemplaires.

Comme vous allez juger un très-grand différent entre un des premiers Lettrés de France dans le genre *Bibliothécal*, & dans une infinité d'autres parties (3), & l'ancienne Adminiſtration de ce Pays, je ne doute aucunement que vous ne portiez vos yeux très-attentivement ſur les divers livres dont je vous fais préſent, & ſur-tout ſur les pages que je vous ai indiquées. (4)

Eſt-ce que l'ancienne Adminiſtration a pu, dû & ſçu ſuſpendre mes émolumens, quand elle l'auroit voulu?

1°. L'a-t-elle pu? L'expérience nous apprend que ſi l'aimant ſuſpend le fer, les Provinces ne peuvent ſuſpendre d'elles-mêmes, & ſans avoir recours aux Tribunaux établis pour juger de leurs plaintes, les effets des conventions ſynallagmatiques qu'elles ont paſſées avec un tiers, & qui ſont comme des acceſſoires ſacrés des ſolemnités auxquelles elles ont ſoumis leur premier acte en juſtice.

Eſt-ce que la Bibliothéque, & par conſéquent toutes les ſuites qui en dépendent n'ont pas été ſolemnellement acceptées par les Procureurs du Pays au nom de la Province, pardevant la Sénéchauſſée d'Arles?

Auſſi je prévois que cela pourra vous être opposé, & que vous & les deux autres Départemens aurez beaucoup de peine pour vous débarrasser de votre Bibliothéque.

Mais il y a réponse à tout, & si vous me le permettez, je vous trouverai des raisons de droit naturel & politique, pour triompher de cette objection, si on la mettoit en avant.

La concession de mon titre, & l'acceptation que j'en ai faite, forment une convention synallagmatique entre notre ancienne Province & moi.

Suis-je tombé en forfaiture ? On doit la faire juger, & continuer à me payer jusqu'à entier jugement.

Quelle est ma forfaiture ? Sera-ce de n'avoir point présidé le déraisonnable & injuste inventaire sommaire, que le faquin, (passez-moi s'il vous plaît, Messieurs, cette expression) *Bois-Gelin* a fait ordonner dans le Cahier de 1786, & dont je ne vous dis pas, Messieurs, le prétexte illusoire, parce que je frémis d'indignation toutes les fois que je me le rappelle.

A quoi se bornoient les droits de l'Assemblée de 1786 ? n'étoit-ce pas uniquement à me concéder mon titre ? Avoit-elle le pouvoir de statuer la moindre chose sur les fonctions qui lui sont attachées de droit, de me les inhiber à moi-même, & de les transporter sous la plume d'un ignorant & très-ignorant dans l'art *Bibliothécal* ?

N'est-ce pas le propriétaire d'un titre qui est maître en chef des fonctions qui en découlent ? N'est-ce pas lui seul qui a droit de les déléguer en tout ou en partie ?

N'en est-il pas ainsi de tous les Titulaires ? Ne me suis-je pas soulevé contre le fatal article du Cahier de 1786.

Si le Parlement d'Aix eût été moins serf de *de Jean-de-Dieu*, & moins friand des mets délicats de l'*Apicius* de ce Luculle VIOLET, ne me serois-je pas adressé à lui pour y faire homologuer mon titre, & pour m'y faire établir maître absolu des fonctions qui ne pouvoient appartenir qu'à moi, & que je me suis laissé ravir malgré moi, par un petit Fat, qui n'est certainement pas digne de tailler mes plumes dans l'ordre dans lequel il a voulu se glisser par intrigue & par injustice, puisqu'il y est entré sans mon aveu & sans mon choix ? (5)

C'est ainsi que le despotisme agit toujours, il n'a d'autre loi que la plus bizarre arbitralité & la souveraine déraison.

Que diront, Messieurs, les siecles futurs, quand ils sçauront que l'Esculape *Gibelin* a osé le disputer dans le genre *Bibliothécal* avec moi, & que pour bien constater sa *très-judicieuse* prévoyance, & son *insoupçonnabilité*, il a eu l'audace d'entreprendre l'inventaire sommaire d'un effet très-risqueux & très-soupçonnable, sans m'en avoir fait cotter & parapher auparavant tous les feuillets ? (6)

Est-ce que les malévoles ne sont pas fondés à s'en prendre à cet étourdi, qu'on a droit, à cause de son imprévoyance, d'accuser d'avoir voulu peut-être par une lâche complaisance se prêter, au gré des despotes qui le dominoient, au changement de divers feuillets de l'inventaire sommaire dont il avoit eu la présomptueuse & injuste témérité de se charger à mon préjudice ? (7)

N'ai-je pas bien démontré dans les pages 8 & suivantes, du Mémoire qui est à la tête de mes *Lettres Violettes* au RENARDEAU *Bois-Gelin*, qu'il s'étoit embarqué, & qu'il avoit entraîné avec lui dans la même barque de 42000 liv. de dommages au moins, notre ancienne déplorable Province, par cet impertinent inventaire sommaire qu'il avoit eu la sotte témérité d'ordonner ?

Dira-t-il qu'il n'avoit fait cette ordonnance que pour me soulager ? Mais étouffera-t-il mes réclamations, & les sept ouvrages que j'ai fait imprimer ou réimprimer dans l'espace d'environ deux ans, que j'ai tiré contre lui mon fer hors de son fourreau ? (8)

Ces ouvrages ne sont-ils pas la preuve la plus palpable par la grande force de raisonnement & d'érudition qui y regne, que je n'avois besoin d'aucun soulagement, & que quand j'ai accepté mon titre, je me sentois en état d'en faire toutes les fonctions, & en les faisant, ma tête n'auroit pas fait tant d'efforts, que ceux qui lui ont été arrachés pour dévorer tout entier *Jean-de-Dieu.*

2°. Cette Assemblée a-t-elle dû suspendre mes émolumens ?

Est-ce ainsi que ceux qui y étoient députés reconnoissent les grands services littéraires que mon amour patriotique m'a arrachés envers ma Province originaire ?

Est ce ainsi qu'ils me payent de la reconnoissance qu'ils me doivent nécessairement pour la gloire que les Provençaux auroient acquise par mes travaux ?

Trouve-t-on par-tout & tous les jours des Auteurs qui frappent des ouvrages tels que les miens dans la même force de raisonnement, & avec la même doctrine *ad hoc* ?

Quand on feroit une pyramide d'Esculapes du

nom de *Gibelin*, échaffaudés les uns sur les autres, aussi haute que les tours de Notre-Dame de Paris, verroit-on descendre du haut de cette pyramide entre les mains du génie de la France, un livre *Bibliothécal*, tel que celui de ma *Chasse*, qui étouffera toujours tous les Prestolets de l'Oratoire & de la Doctrine d'Aix, que l'Auteur à tête SI BIEN ENCAISSÉE de la motion dont je parle dans la Note qui est sur la page XXXVII., &c. de la Préface du 2ond. tome de la même *Chasse*, a voulu produire dans cette Ville, pour la régie de la Bibliothéque de la Province?

D'ailleurs, en supposant que je n'eusse pu me faire aucune avance à moi-même pendant les deux années que dure la suspension de mes émolumens, cette Assemblée auroit-elle dû agir contre moi en corps d'Antropophages, comme je le reproche sur les pages 42 & 43 de mes *Lettres Purpuracées*, aux derniers Procureurs du pays, & comme je l'observe dans ma Réponse à MM. *les Commissaires des Communes*, imprimée à la fin de ces mêmes Lettres.

3°. Quand même cette Assemblée auroit voulu suspendre mes émoluments, auroit-elle sçu en opérer la suspension réelle, par la maniere dont elle s'y est prise?

L'imposition de 1789 & celle de 1790, dont la premiere avoit été déterminée vers le milieu de 1788, & dont la seconde doit-être la même que la premiere, ne fournissoient-elles par les fonds nécessaires pour me payer, indépendamment de la soustraction des 19 liv. 10 sols par feu, opérée dans le Procès-Verbal de l'Assemblée illégale de l'année derniere, & mentionnée sur sa pag. 130?

Cette fouftraction avoit-elle d'autre objet que celui de rayer les dépenfes qui avoient été ordonnées à la pag. 243 du Procès-Verbal de l'an 1788, pour la bâtiffe de la Bibliothéque, qu'on projettoit alors ?

C'eft donc en vain que le malheureux Evêque de Fréjus a pris occafion de cette fouftraction pour dire à la pag. 177 du Procès-Verbal de l'an paffé, que mes émolumens font fufpendus, quoiqu'en citant faux & contradictoirement la page par laquelle il prétend qu'ils le font effectivement.

Ainfi, Meffieurs continuez d'avoir des VIOLETS parmi vous, quoique je vous exhorte tant & tant dans MA LETTRE VRAIMENT PHILOSOPHIQUE A L'EVÊQUE DE CLERMONT, à en exterminer jufqu'au plus petit germe, pour jouir de la véritable paix en France, & vous n'aurez que d'indignes Anti-Prêtres qui vont faire les hypocrites devant la Croix fanatique que les incendiaires Ariftocrates de votre Ville, ont fait ériger par le bon & en même tems l'Idiot FACOND, dont ils ont eu l'audace de faire infculper le nom au devant de fon pied-d'eftal, quoique cette infculpation foit, d'après Saint-Luc qui nous apprend en propres termes que *nous ne fommes que des ferviteurs inutiles*, impie & totalement Anti-Evangelique. (9)

D'après les très-grandes & très-juftes confidérations que je viens, Meffieurs, d'avoir l'honneur de vous fournir & fur la prompte & étroite juftice que vous me devez pour mes émoluments, & fur l'utilité que vous pourrez retirer de moi pour vous dégager vous-mêmes & les deux autres Départements du fardeau *Bibliothécal* dont le Defpotifme & les aftuces mal adroites de *Jean-de-Dieu*, ainfi que la perfide servilité des anciennes Administrations, vous ont chargés mal-à-propos, je suis dans la plus ferme espérance que la justice que je réclame auprès de vous aura bientôt son exécution, que je toucherai dans peu de jours les 6200 liv. dont j'ai eu l'honneur de vous parler ci-dessus, que la générosité avec laquelle une Province toujours illustre doit agir avec des Gens de Lettres, qui ont non-seulement consacré leur labeur à ses propres intérêts, comme vous pouvez le voir sur les pages 170-182 du 1er tome de ma *Chasse*, mais encore à toute la France, selon que ma *Lettre Philosophique à l'Évêque de Clermont le porte* dans son entier, vous réveillera & sur la perte de mes intérêts, & sur la cause injuste des frais d'impression qu'on m'a occasionnés, & dont les ventes ne me font pas rentrer la dixieme partie, à cause des dons que je suis obligé de faire, & que je ne suis pas ici en place marchande pour mon débit.

J'espere encore, Messieurs, que les trois Départemens ne prendront aucun parti sur l'aliénation de la Bibliothéque, sans avoir réglé auparavant avec moi les justes indemnités qui me sont dues.

1°. Pour les gains légitimes qu'on m'a empêché de faire. 2°. Pour mes travaux qu'on a croisés, & auxquels on a apporté les plus ridicules & injustes obstacles. 3°. Pour mon consentement à l'abolition de mon titre qui est à vie ; sans quoi je serois le jouet de ma bonne foi, & c'est certainement ce que l'honneur & la justice de mon ancienne Province ne souffriront jamais.

S'il en étoit autrement, qu'aurions-nous gagné dans cette Révolution?

Nous étions auparavant dévorés par des Léopards, quel changement favorable éprouverions-nous à présent si nons l'étions malheureusement par des tigres?

Non, non, Messieurs, une pensée aussi abominable n'entrera jamais dans mon esprit, & je n'attends de vous que les conclusions les plus favorables, soit à mon exposé, soit à celles que j'y ai prises à la fin & dans ma Note (7).

Je suis,

MESSIEURS,

Avec un très-profond respect
Votre très-humble & très-
obéissant Serviteur.

l'Abbé RIVE.

NOTES.

(1) J'en ai fait imprimer deux autres depuis la présentation de ce Mémoire, & sur-tout celui que j'envoie aujourd'hui à l'Assemblée générale du Département ; ce qui augmente cette dépense, parce que ces deux Ouvrages m'ont été rendus nécessaires pour ma défense dans la malheureuse ville que j'habite.

(2) Il est bien étonnant, Messieurs, que je me sois vu forcé d'en venir à l'impression de ma *Chronique Litteraire*, dont je vous fais passer 40 exemplaires, pour vous mettre dans la plus haute évidence le tort & le suprême tort qu'auroient certains de vos Membres, si cette conviction ne les dominoit pas.

Obligés au choix d'un Bibliothécaire, Qui seroit celui

qu'on pourroit oppofer à l'homme d'études qui vous eſt préfenté dans cette *Chronique* ?

(3) C'eſt ce dont vous aurez encore des preuves très-multipliées & très-frappantes dans la même *Chronique*.

(4) Joignez encore la même *Chronique* aux Ouvrages que je vous avois indiqués auparavant.

(5) Non content d'y être entré ainſi, & de s'être gliſſé par intrigues comme une Mouſſe purement parafite fur le tronc *Bibliothécal*, fans que l'ancien Marquis de Mejanes requît dans fon teſtament un homme de fa *force Bibliologique* & *Bibliothécale*, il eut l'inſigne baſſeſſe, quoique je déguiſaſſe tout mon reſſentiment contre lui, & que je conſentiſſe de force à dévorer intérieurement la déteſtable commiſſion dont il s'étoit fait charger, à prévenir fous main l'ignorant *Jean-de-Dieu*, fur la maniere dont je l'avois conſeillé de dreſſer fon inventaire fommaire.

C'étoit fur des cartes que j'aurois cottées & paraphées moi-même, [comme je le dis encore ci-deſſous dans ma note (6)] que je lui avois prefcrit de relever fes titres de livres, & je l'avois en même tems chargé de me les remettre chaque jour, afin qu'en les arrangeant moi-même à fur & à mefure, par ordre de matieres, je fuſſe plutôt à la fin de mon ouvrage.

Mais dans la vifite que je fis à l'exécrable *Jean-de-Dieu*, le 14 Décembre 1778, jour auquel je vis ici ce monſtre d'ignorance *Bibliothécale* pour la premiere fois, il eut la cruauté de me faire attendre au moins une heure & demie, & l'aſtuce de faire avertir fous main, pendant ce tems-là, fes FÉAUX *Pafcalis*, *Vallon* & *Gibelin* l'Efculape.

Je n'ai jamais éprouvé une converſation plus délirante que celle dont je fus témoin auriculaire alors.

Le petit VIOLET me vomit mille abfurdités, *Pafcalis* & *Vallon* faifoient, en brayant, *chorus* avec lui, & l'étique & jaloux fous-Bibliothécaire eut la malicieuſe intrigue de faire renverfer par ce cruel tyran la maniere que lui avois prefcrite de dreſſer fon inventaire, & d'obtenir de fa bouche injuſte & perfide, celle de le dreſſer fur papier, dans l'ordre confus & pêle & mêle que les livres fe préfenteroient à lui.

Ainſi leur malice réciproque fut pleinement conſommée contre moi, dont on fe garda bien de requérir la cotte & le paraphe.

Le VIOLET y gagna l'autorité de maîtrifer dans la Bibliothéque

bliothéque, dans les fonctions de laquelle il n'avoit certainement & ne pouvoit avoir aucun droit, & le maigre Esculape, celui d'avoir le plaisir de bien faire sautiller sa tête sur le pavé d'Aix, de braver ma rencontre par ses insalutations impertinentes & très-désordonnées, & d'exercer à son gré toutes les fonctions de la place de Bibliothécaire en chef qui, pour toutes les raisons de droit & de convenance, ne peuvent appartenir qu'à moi.

Mais nous allons avoir des Tribunaux nouveaux. Les injustes VIOLETS qui m'ont hui pour mes émolumens, les Purpuracés qui m'ont outragé & calomnié dans leur lettre, & tous ceux qui ont apporté du trouble, & nommément le sous-Bibliothécaire de surérogation, y seront cités & condamnés, comme je l'espere, à de gros dommages, à moins que l'horison pestiféré d'injustices, qui couvroit les Pays auparavant, n'ait une épidémie inextirpable, & que ces nouveaux Tribunaux ne périssent d'injustices en naissant.

C'est ce que je ne sçaurois absolument me persuader, parce que ceux qui se ressuscitent parmi des hommes purs, ne sçauroient rapporter de l'état cadavéreux qu'ils quittent, le moindre suintement du virus qu'ils doivent avoir abandonné pour toujours.

On peut voir une partie du détail que je viens de faire ci-dessus, aux pag. XXV = XXIX de la Préface de la *Chasse aux Bibliographes*, que j'ai déja citée.

(6) Quand je dis *tous les feuillets*, je parle selon le Mémoire que je fus obligé d'adresser au commencement de 1778 au despote Métropolitain de cette Ville, & aux quatre bas Purpuracés, parmi lesquels étoit l'incendiaire *Pascalis*, & que j'envoyai ensuite en août de la même année au Gouverneur de cette Province, par le Comte de *Caraman*, son neveu. C'est ce que je repete aussi au commencement de 1789 sur la pag. 28 de la Préface de ma *Chasse aux Bibliographes*, qui est à la tête de son 2ond. tome.

Comment peut-il donc se faire que le TRÉS-HONNETE & TRÉS-VÉRIDIQUE sous-Bibliothécaire ose dire aujourd'hui sur la page 9 des TRÉS-SÇAVANTES & TRÉS-SAGES *Observations sur la Bibliothèque de Mejanes*, qu'il vient de publier depuis un mois, qu'il a transcrit séparément *sur cartes*, tous les titres des livres, &c.

Est-ce que quelque homme infidéle qui se seroit glissé dans les Bureaux du Directoire du Département, lui auroit communiqué fecrettement ce Mémoire dont je donne aujourd'hui l'impreffion ?

Mais ce *très-prévoyant* fous-Bibliothécaire ne s'y eft-il pas pris un peu trop tard pour vouloir détruire ce que j'ai avancé dans le Mémoire mft. du commencement de 1788, & dans la Préface dont je viens de parler ?

N'étoit-ce pas dans ces deux années qu'il devoit s'infcrire en faux contre ce que j'y ai avancé ?

Je fçais que beaucoup d'hommes avancent bien des fauffetés, mais j'en vois très-peu qui raifonnent, & qui foient portés à la vérité.

Quand ce TRÈS GRAND SÇAVANT fous-Bibliothécaire auroit effectivement tranfcrit fes titres fur cartes, auroit-il été difpenfé de me les faire cotter & parapher pour les authentiquer, & de me les montrer tous les huit jours, felon que je le lui avois ordonné, pour me mettre à portée de tirer de mes cazetins toutes les defcriptions de livres qui auroient été communes entre les Bibliothéques de la *Valliére* & de *Mejanes*, fuivant la convention que j'avois faite à Paris avec *Jean de Dieu* ?

Mais l'ÉMINENTISSIME *Gibelin*, emmentelé fous les draperies infernales du cruel defpote *Jean de Dieu*, voulut jouir de la gloriole d'agir en Bibliothécaire en chef, comme fi fes talons un peu trop bas, pouvoient jamais lui fournir la taille qu'il devoit avoir pour éclipfer celui que cette *Chronique Littéraire* préfente.

Qu'on voye aujourd'hui, par fa chute Phaétontique, où l'infolence entraîne les hommes, & qu'on cherche le portrait de ce TRÈS-ILLUSTRE Erudit aux pag. 155 & 156 de cette *Chronique*. Il y eft placé à côté de fon Infcription de l'Ancienne Bibliothéque d'Alexandrie.

Qu'il y ait des répétitions dans cette Note, je le fçais ma foi bien ; mais je les crois très-néceffaires pour ceux qui ne réfléchiffent pas affez.

(7) Cet homme TRÈS-HABILE, fe croit-il exempt, d'après toutes fes étourderies, auffi irrévérentieufes & injuftes à mon égard, des plaintes que j'ai à porter contre lui devant nos Tribunaux, pour les cruels dommages qu'il m'a caufés, & qui m'engagent à prier les Meffieurs du Département à retenir dans leurs mains les émolumens dont il demande le paiement, jufqu'à ce que les dommages que j'ai à répéter contre lui, me foient adjugés en juftice.

Cette retenue est un gage que je dépose entre ces mêmes mains.

Quoique dans ma note (5) j'aie parlé de ces dommages, je répéte encore dans celle-ci que je le poursuivrai partout où je pourrai, parce qu'ainsi qu'on le dit dans la 2onde. pag. de la Préface de la *Chronique Littéraire*......... il ne faut absolument rien souffrir d'injuste de la part des hommes publics.

(8) On peut joindre à ces sept ouvrages ma *Ligue Monachale Anti-Eléémosynaire*, où l'on trouve à la pag. 27 l'extinction totale d'un Prestolet Jacobin qui veut nous étaler, d'après *Bayle*, les titres primitifs d'une révélation positive, c'est-à-dire, très absurde, & très-évidemment fausse, dont l'Episcopat qu'on auroit dû détruire depuis long-tems, ainsi que je le dis si souvent dans ma *Lettre véritablement Philosophique à l'Evêque de Clermont*, voy. la pag. 21 de cette même *Ligue*, abuse malheureusement dans ces tems-ci pour allumer des guerres fanatiques & civiles dans le Royaume.

On peut y joindre encore la *Chronique Littéraire*, dont je vous fais présent.

(9) *Servi inutiles sumus*, nous dit St. Luc, ch. 17 ⅴ. 10.

V. aussi ce qui est écrit contre ce pauvre *Facond*, au sujet de cette Croix, aux pag. 81, 83 des Notes de ma *Lettre vraiment Philosophique à l'Evêque de Clermont*.

L'adhésion de la Municipalité de la ville d'Aix à la plantation de ce Trophée, n'est certainement pas épargnée dans la même note.

F I N.

www.ingramcontent.com/pod-product-compliance
Lightning Source LLC
Chambersburg PA
CBHW071431060426
42450CB00009BA/2132